dont l'agrément augmente encore l'utilité. L'on s'occupe notamment beaucoup, depuis l'*ÉMILE DE ROUSSEAU*, de la partie importante de l'*Éducation*. Ce ſujet mis en vogue par ce beau génie, a été repris depuis par pluſieurs perſonnes. Nombre de Dames même, que le préjugé général ſur les lumières de leur ſexe, renfermoit dans le cercle des Ouvrages d'agrément, ont franchi avec courage ces limites, & ont élevé leur ton juſqu'à celui de la doctrine & du précepte ſur un ſujet d'une pareille conſéquence. Le pas eſt grand : c'eſt au Public à juger de leurs efforts ; mais il n'eſt pas poſſible de refuſer ſon admiration à leurs lumieres & à l'eſprit qui les anime.

La matière de l'Éducation publique attache en ce moment plus que jamais les efprits. Un Académicien, auffi eftimé par les qualités de fa perfonne que par le mérite de fes Ouvrages, fe livra dans le mois de Février dernier, à quelques réflexions très-philofophiques fur ce fujet. Ces Réflexions, qui plurent au Public, ont donné lieu aux *Confidérations* qui fuivent. L'Auteur s'étoit borné à les offrir à la perfonne qui les avoit infpirées; & comme il ne s'étoit occupé de cet objet que pour lui-même, il fe refufoit à rendre public ce court travail, lorfqu'il a bien voulu me le communiquer. Cet Ouvrage, dans fa briéveté, m'a paru renfermer des idées fi neuves & fi juftes, une

CONSIDÉRATIONS

GÉNÉRALES

SUR

L'ÉDUCATION,

ADRESSÉES A L'AUTEUR DES

RÉFLEXIONS DÉTACHÉES SUR LES

TRAITÉS D'ÉDUCATION,

Insérées dans le Mercure de Février de la présente année 1782.

A BOUILLON;

Et se trouve, A PARIS,

Chez les Libraires qui vendent les Nouveautés.

M. DCC. LXXXII.

PRÉFACE

DE L'ÉDITEUR.

JE me fais avec plaisir, l'Éditeur de ce petit Ouvrage, qui méritera certainement l'attention des perſonnes qui réfléchiſſent. On écrit & l'on penſe beaucoup dans ce ſiècle; & ſi quelquefois il y a à regretter, même à déplorer l'uſage qu'on fait des lumières, la raiſon ſe conſole & ſe fortifie par les productions ſaines & utiles qui paroiſſent ſans interruption. Malgré tous les écarts de l'eſprit, le goût des Ouvrages moraux n'eſt point éteint : on en voit même pluſieurs

raiſon ſi profonde avec un jugement
ſi délicat, que j'ai employé toutes
mes inſtances pour obtenir la liberté
de le faire connoître.   L'utilité
poſſible, que ceux qui s'appliquent
à ces matières pourroient retirer du
coup-d'œil qu'il n'a pu que jetter
ſur un champ ſi immenſe, (c'eſt
ainſi qu'il s'eſt exprimé lui-même)
eſt le motif qui l'a déterminé à
m'abandonner cet écrit, en lui
gardant le ſecret qu'il a exigé, &
qu'il me ſeroit agréable de pouvoir
rompre par le juſte hommage avoué
du Public, que je ſerois dans le cas
de lui rendre à bien des titres.

CONSIDÉRATIONS

GÉNÉRALES

SUR

L'ÉDUCATION,

Adressées à l'Auteur des Réflexions détachées sur les Traités d'Éducation, insérées dans le Mercure de Février de la présente année 1782.

Vous avez fait paroître, Monsieur, des Réflexions détachées sur les Traités d'Éducation, dans le Mercure de Février dernier. Un des Journaux de Paris, je ne sais lequel, mais qui a suivi de près l'impression de ce petit écrit, l'a critiqué d'une manière vive & même un peu amère.

A

Vos réflexions sages, philosophiques, ne méritoient certainement ni ce blâme, ni cette colère ; elles ont été jugées ailleurs fort différemment. Ces réflexions cependant peuvent comporter une réponse : le Public l'accueilleroit indubitablement mal, si elle n'étoit pas honnête & réservée, comme tout ce qui sort de votre plume. En me permettant cette réponse, je ne m'engagerai pas pour cela dans la dispute littéraire que cette première étincelle a allumée, à l'occasion de l'ouvrage récent d'une Dame célèbre. Si mes idées peuvent contribuer à éclaircir cette matière, ce succès me sera très-flatteur ; mais il n'est pas dans mon goût de me livrer à aucune discussion : le Public est un juge, auquel on fait toujours sagement de soumettre ses opinions.

Depuis long-temps j'ai pensé presqu'en tous points comme vous, Monsieur, sur les différens Traités d'éducation. Malgré les lumières réelles, & tout l'esprit qui accompagnent souvent ceux d'entre ces

Ouvrages qui font le plus connus, ils m'ont paru la plûpart infuffifans, généralement inexécutables, fouvent minutieux par les minces détails auxquels on applique ce grand Art, & quelquefois auffi dangereux que contraires à l'objet qu'on s'y propofe.

Je fuis pleinement d'accord de cette grande vérité, qui eft que la nature élève prefque feule les grands hommes; que cette rare & magnifique production eft fon œuvre, bien plus que celle de la culture. Je penfe auffi que fi celle-ci aide en un fens les talens fupérieurs, elle contraint & contrarie dans beaucoup d'autres leur développement; de forte que le génie, pour arriver à ce qu'il devient un jour, a befoin fouvent de rompre les chaînes de fon inftruction, & de vaincre fon éducation même.

Cependant il faut une inftruction à l'homme, fans quoi tout retomberoit bientôt dans l'état de barbarie d'où tout eft forti. L'homme apporte en naiffant des dons, mais non des perfections. Lui & les autres souvent méconnoissent ces dons ; lui-même quelquefois les ignore toute sa vie, faute de développement : il a donc besoin d'éducation. Il naît en même-temps perfectible, nécessairement perfectible : il mérite, il exige par conséquent une éducation, pour obéir à l'Être qui l'a créé, pour remplir sa propre fin. Enfin, il naît sociable ; il vit de fait en société : il ne sauroit, dès-lors, exister de société solide sans une culture quelconque, tant de l'enfance que de la jeunesse de l'homme.

En même temps, si l'homme de génie s'élève nécessairement au-dessus de son éducation, s'il la maîtrise souvent, s'il la dépasse toujours ; l'homme moral, l'homme religieux, portent en très-grande partie sur cette base. Or, pour élever l'individu à l'état d'homme & de citoyen, l'esprit n'est pas la seule chose en lui qui soit à former : pour le bien des sociétés, l'ame & le caractère conservent justement leur prééminence.

Ce n'est pas tout encore; en convenant qu'en général les différentes méthodes d'éducation remplissent rarement leur objet; qu'elles s'approprient avec peine à la diversité des caractères & des esprits; enfin, que les talens éminens en sont encore plus tyrannisés que secourus; il est cependant d'autres vérités, sous un aspect opposé, qu'on ne doit pas négliger de considérer.

Il est aisé de voir que les inconvéniens dont on vient de parler, n'existent dans toute leur force que pour les individus, considérés en particulier; mais que la culture de l'homme produit collectivement, des fruits certains pour le corps de la société, même décisifs pour son bien-être. En effet, une éducation déterminée peut bien avoir une influence plus ou moins étendue, plus ou moins heureuse sur les sujets pris séparément, à raison de la bonté ou de la moindre perfection de la méthode employée (car dans une vue générale, il est constant

A iij

que c'eſt le mérite ſeul de la méthode qui décide). Mais alors qu'il exiſte une inſtruction, dès le moment qu'elle eſt ſaine, elle donne néceſſairement une bonne conſtitution à la génération qui la reçoit : dès qu'elle a lieu, quelque foible que ſoit ſa miſe dans la valeur intrinsèque de chaque individu, ſon réſultat au total eſt néanmoins poſitif; il devient conſéquemment immenſe, à raiſon de la multitude. La perfection de l'individu, à la vérité, eſt en elle-même peu de choſe ; mais celle de l'eſpèce eſt évidemment très - conſidérable. C'eſt donc cette nature artificielle, que l'art greffe dans l'homme ſur ſa nature réelle, qui forme les vrais levains de la ſociété civile : car il ne faut plus, ſous cet aſpect général, mettre en ligne de compte les grands talens, ſi puiſſans pour de certains effets : ceux - ci ſe comptent ; ils ſont rares par leur nature, & ne changent rien, à moins de certaines circonſtances, à l'état général des choſes.

D'après ces notions, on peut conclure que la puiſſance de l'éducation eſt infinie, incalculable. C'eſt elle qui, en grande partie, fait les vices ou les vertus, le bien ou le mal de l'état ſocial. La forme qu'elle donne, crée en quelque ſorte la matière ſur laquelle elle travaille ; parce que la culture qui trouve dans l'homme tous les élémens du bien & du mal, alors qu'elle opère, met en mouvement tous les germes, fait exiſter ce qui n'eût jamais paru ſans elle, étouffe ou réprime les mauvais principes pour développer & étendre les fruits des penchans plus heureux.

Il me ſemble donc, Monſieur, qu'en reconnoiſſant l'inſuffiſance de l'éducation à bien des égards, ſur-tout celle de nos Traités en ce genre, & le prouvant par des réflexions fines & délicates, vous avez auſſi trop peu accordé à l'influence de cette même éducation; & que même malgré la juſteſſe de vos lumières, vous avez perdu de vue ſa toute-puiſſance, ſous l'aſpect dont je viens de parler.

Encore un coup, elle peut être nulle, fautive; qui plus eſt, fâcheuſe pour divers êtres en particulier, trop grands ou trop imparfaits pour porter ou ſupporter avec fruit ce joug ſalutaire; mais ſi je ne me trompe, elle eſt indubitablement d'un effet abſolu par rapport au corps de la ſociété, avec quelques reſtrictions cependant, que ce qui ſuit fera connoître.

Avant tout, on demandera peut-être pourquoi, l'éducation ayant en général tant de puiſſance ſur les hommes, l'eſprit humain n'a pas appliqué toutes ſes forces à découvrir cette Méthode heureuſe, qui ſeroit un ſi grand préſent pour l'humanité.

Pourquoi? vous l'avez dit avant moi, Monſieur : c'eſt que cette découverte eſt, de toutes les tâches de l'eſprit humain, certainement la plus difficile à remplir; ſur quoi j'adopte ſans peine vos idées par rapport au courage de ceux qui s'érigent en légiſlateurs ſur cette grave matière, vû qu'elle requiert une si longue expérience, qu'elle demande la connoiſſance de tant & tant d'objets à la fois ; & par-deſſus cela, la plus difficile de toutes, celle du cœur humain.

Un grand point, à mon ſens, eſt premièrement requis pour la perfection de toute méthode d'éducation, ou du moins pour ſon mérite relatif ; car ſa perfection poſitive eſt bien autre choſe encore : ce qui doit preſque faire déſeſpérer de tout ſuccès complet en ce genre.

Suivant mon opinion, il faut le plus parfait accord de l'éducation commune ou vulgairement uſitée, avec les loix ou la conſtitution de l'Etat dans lequel les individus la reçoivent ; & voici le fondement de cette manière de penſer.

Si les loix conſtitutives, ſi les maximes, ſi les mœurs d'un Etat combattent les méthodes d'éducation qui y ſont ſuivies, ou que celles-ci s'éloignent trop des

premières, il en résulte un choc perni-
cieux, continuel, qui doit nécessairement
détruire ou affoiblir considérablement
ces deux sortes de directions imprimées
à l'homme.

L'institution des sociétés par les loix,
celle des individus par les préceptes,
que sont-elles dans le fait, autre chose
que deux espèces d'éducations qui gou-
vernent l'homme placé dans l'état social,
d'une part, par la volonté générale du
corps politique, de l'autre, par l'inf-
piration de son instruction personnelle ?
De l'observation des loix, naissent les
mœurs de l'Etat ; car celles-ci ne font
réellement que les loix exécutées : c'est
le premier fruit qu'engendre une bonne
constitution. Les mœurs à leur tour,
tant qu'elles subsistent, gardent & préser-
vent la constitution qui les a enfantées :
mais si les mœurs publiques se perdent,
ou si elles font notablement altérées,
alors les loix de l'Etat ne subsistent que
dans les Tables qui les contiennent ; déjà

elles n'exiſtent plus dans la volonté de la plupart des ſujets ; elles ſont mortes en partie ; chaque jour l'opinion & l'uſage les cancellent.

Comment après cela, imaginer que la morale des éducations privées puiſſe triompher de la morale oblitérée de l'Etat ? Je ne parle pas des cas où l'eſprit de la conſtitution, & celui qui eſt admis dans les plans uſités d'éducation, ſeroient contraires entr'eux dans des points eſſentiels ; ce ſeroit alors établir dans le même être un combat fait pour le déformer au lieu de le régler, d'où il ne pourroit ſortir qu'en contrevenant à l'une de ſes deux inſtitutions, & peut-être à toutes deux. C'eſt cependant dans le propre ſein de cette ſociété, ou mal conſtituée, ou ainſi détériorée, que tous les enfans de l'Etat vont ſe réunir & ſe confondre. Il faut bien, ſans qu'aucune cauſe puiſſe l'empêcher, que la maladie générale, que l'imperfection ou le dépériſſement de la conſtitution corrompent tout. Le mal eſt dans le ſang, qui eſt vicieux ou altéré. On doit en dire autant, avec la même raiſon, de ces maximes principales qui font comme le génie d'une nation, & du caractère public qui y domine. Toutes ces inſtructions particulières, dont on enrichit ou dont on décore les ſujets dans les éducations privées, viennent échouer contre cet eſprit général, ſi malheureuſement il y eſt oppoſé. Il ſeroit par trop inſenſé d'imaginer qu'on pût, généralement parlant, inſtituer heureuſement un ſujet par ſon éducation, quand l'Etat l'a mal conſtitué par ſes loix, ou que les deux inſtitutions réciproquement ſe décrient. Avec quel eſpoir raiſonnable vouloir en effet travailler, élaborer par la culture un naturel, lui donner les principes comme le goût de la ſaine morale, lorſque dans l'état général de la ſociété, cette morale n'a plus d'appui. Lorſque les vices ont perdu leur difformité ; lorſque la vertu a perdu, je ne dis pas feulement fon pouvoir, je ne dis pas encore jufqu'à fes charmes; mais lorfque de degrés en degrés de corruption on eft parvenu à lui donner le vifage, & jufqu'au nom du ridicule, il n'eft fans contredit, il n'eft, hélas! plus poffible alors d'élever avec fuccès l'être réel, c'eft-à-dire, de former l'ame & la raifon de l'homme. Dès ce moment, l'art fe borne par impuiffance aux formes, aux agrémens, aux manières; il recherche encore, fi l'on veut, une certaine hon-nêteté; mais la fubftance refte au fond la même (celle-ci ne fe pétrit pas avec de tels levains) : auffi, malgré bien du travail & beaucoup de moralités ingé-nieufement étalées, eft-ce là le caractère comme le fort de prefque tous nos Traités en ce genre!

Nulle éducation privée ne peut donc être pleinement profpère, fi elle n'eft accommodée à la conftitution de l'Etat; de même que nulle Inftitution Politique ne peut acquérir toute fa force, fi l'éducation individuelle ne l'appuye & ne la fortifie. Ces deux mobiles agissent ensemble dans nos constitutions ; ils doivent donc agir d'accord, pour avoir le *maximum* de leur puissance : celle-ci seroit même incommensurable si ces deux puissans ressorts, sources de toute action dans l'état de société, étoient dans le plus parfait rapport imaginable : une telle analogie & son magnifique résultat, seroient pour l'esprit humain, le plus étonnant spectacle.

Mais il reste encore, Monsieur, après toutes ces réflexions, une grande difficulté à vaincre, qui est presque insoluble par le fait ; car les obstacles dans cette matière, se cumulent l'un sur l'autre.

Dès qu'il est reconnu que l'institution privée, pour être heureuse ou du moins efficace, doit se modéler sur la constitution de l'Etat, sur quel modèle celle-ci à son tour doit - elle être formée pour que l'une & l'autre soient profitables ? On répondra sans doute : sur la nature de l'homme, puifque c'eft pour lui que les loix & la fociété font faites. Mais où eft le lieu fur le Globe où les conftitutions publiques aient été parfaitement réglées fur les droits de l'homme & fur fes avantages, qui même encore ne font pas parfaitement connus? L'Ecrivain Républicain ne verra que la liberté; l'Ecrivain Monarchique préferera la conftitution de fon pays, comme moins turbulente, comme plus prononcée, comme celle qui, à la longue, vaut le mieux à plus d'égards.

Quoi qu'il en foit de toutes ces queftions étrangères ici, difons feulement que, dans toutes les hypothèfes, dès que la conftitution péchera, ou qu'elle bleffera dans quelques points les droits effentiels de l'homme, le précepte fléchira, la règle perdra fon effet. On ne peut donc plus former l'homme aux connoiffances qui lui appartiennent, aux fentimens propres à fa nature, fans établir un conflit entre fon éducation politique, qui est sa loi d'obéissance & de rigueur, & son éducation privée, qui est sa règle de conduite, & pour ainsi dire, de conscience personnelle.

J'évite les exemples sur cette matière. C'est assez de ces réflexions générales pour que si elles sont justes, on puisse juger de leur poids dans le système des différens plans d'éducation que le zèle fait éclore journellement, &, il faut l'avouer, à grands frais pour le travail & le mérite de l'esprit, qu'on ne peut trop louer.

Je n'entrerai pas non plus dans le détail de ces diverses méthodes d'instruction. Dès que les grands points de vue ne sont pas remplis, cette discussion devient superflue. Je m'étonne cependant que dans la plûpart de ces écrits, on ne présente sur la scène que l'homme de Cour, l'homme du grand monde à former ; comme si le genre humain étoit renfermé dans ces seules têtes. Elles comptent sans doute beaucoup

dans

dans l'état civil, à raison de l'influence de leur rang; mais elles n'y sont pas tout. L'homme du tiers-état, l'homme du peuple, l'homme de la campagne, forment réellement dans tout pays le corps des nations : tous exigent une culture, ou du moins une instruction relative ou convenable à leur place dans l'ordre social; & ils ne peuvent, ce semble, être oubliés quand il s'agit de la formation de leur espèce.

Encore une observation : Dans ces mêmes Ouvrages tout roule en très-grande partie sur l'amour mutuel des deux sexes, qui occupe en effet une fort grande place dans les actions de la vie humaine. En même temps, comment ce sentiment y est-il quelquefois traité ? A force de discours moins moraux que métaphysiques, on est parvenu à faire de ce penchant si excellent dans sa nature, si pur à sa source, si fécond en effets heureux quand il est bien dirigé, ou plutôt quand on ne le dérègle pas, une passion presque factice pour le cœur humain, auquel cependant elle est si naturelle, si intime, si nécessaire. A force d'élémens, pour ainsi dire, sur le sentiment de l'amour, ce feu élémentaire de l'homme n'est plus qu'une vaine galanterie, un simulacre d'attachement ; sa morale dans la pratique est devenue un art raisonné pour se tromper ou se corrompre. Suivant ce plan invariable de vouloir former obstinément dans l'individu, l'homme aimable pour le monde, on le surcharge de cent connoissances oiseuses, comme si la somme des momens de la vie étoit déjà trop étendue ; sans songer encore que rien, ou presque rien, de ces agréables futilités, ne subsiste à la longue dans le goût des hommes, par la métamorphose indispensable que les penchans subissent à tous les âges, même dans leur mémoire après un certain laps de temps ; enfin, que la plupart de ces goûts ne sont rien aux regards & au jugement des autres nations. Malheur à ceux qui excellent dans ces médiocrités trop estimées ! Ces grands succès sont communément des signes certains d'une incapacité réelle sur tout le reste : l'empire des sons, des images, des signes, & l'empire des choses n'habitent pas ensemble dans la même tête ; ils s'excluent nécessairement l'un ou l'autre de leur domaine : on en voit à cháque pas des exemples.

Exceptons cependant du jugement général que nous portons sans aucune intention de personnalité, quelques Ecrivains qui ont traité de l'Education *.

____

* Parmi les écrits dont je parle, le *Traité d'Education des Femmes*, fait par une Dame également connue, mérite d'être distingué. On craignoit que cet Ouvrage remarquable par la pureté de principes, la sagesse de raison & les charmes de sentiment qui y règnent, ne fut pas continué, comme étant, par l'étendue qu'on lui a donnée, au-dessus des forces de la santé de l'Auteur ; mais on apprend avec plaisir que l'impression & le débit s'en continuent chez Moutard, Libraire.

Exceptons nommément le célèbre J. J. Rousseau, malgré les vues trop chimériques, & les erreurs fâcheuses que l'on trouve encore à reprocher à son esprit. Son Livre sur cette matière, sans contenir rien d'entièrement neuf qui n'ait point été pensé avant lui, a été cependant un Ouvrage neuf, par la grandeur & l'étendue que ces vérités ou de découverte ou de perfection, ont acquis en passant par ses mains. Alors l'ouvrier a été vraiment égal à son sujet ; il a persuadé par son génie ; il a fait aimer par sa sensibilité tout ce que sa raison a exposé : en un mot, il a parlé en Législateur, & il s'est fait obéir. C'est Rousseau qui a appris (car persuader c'est apprendre) que l'enfance est presque uniquement l'âge de la formation du corps ; qu'il est, pour l'intelligence, principalement celui de la mémoire, laquelle se tourne avec beaucoup de lenteur en jugement ; c'est lui qui en conséquence a enseigné à modérer (peut-être aussi un peu trop) les préceptes à cet âge, & à parler à l'esprit par les faits & les exemples. C'est lui qui a marqué si bien les deux grandes révolutions morales & physiques qui s'opèrent dans l'individu à l'âge adulte ; qui a indiqué les moyens de retarder le moment des passions ; qui a tracé si parfaitement les devoirs de mari & de père, ceux d'épouse & de mère ; qui a donné aux femmes leur juste place dans la société, en faisant sortir, d'une manière ravissante, leur bonheur, leur empire même, de la pratique de leurs devoirs. Tous les Écrits composés depuis, n'ont guères fait que marcher de loin sur ses traces. Ils l'ont répété, même en le critiquant, & n'ont pas encore traité les mêmes points, à beaucoup près, aussi bien que lui. Son défaut, à la vérité, a été de former un être trop isolé : les autres Ouvrages ne considèrent absolument dans leurs méthodes, ni les hommes

dans leur rapport avec les gouvernemens, ni les gouvernemens relativement
aux hommes. Rousseau à son tour semble
avoir envisagé principalement l'homme
naturel ; mais dans ce plan même il a
formé l'homme, il a travaillé pour
l'espéce ; au lieu que nos Ecrits en ce
genre, paroissent réellement par l'é-
troite sphére de leurs principes, n'é-
duquer qu'un individu à qui il ne manque
qu'un nom pour le reconnoître. Rousseau
avoit apperçu indubitablement la né-
cessité de régler l'Education publique
sur les Constitutions ; on ne peut guères
en douter : mais comme par la nature
de son esprit il étoit peu partisan des
Constitutions modernes, & qu'il vouloit
sans doute éviter de s'expliquer, il s'est
vu forcé à un systéme d'éducation en
partie idéal, & en grande partie in-
conciliable avec nos usages ; en un mot,
il a bâti presque en l'air son édifice.
Malgré cela, la génération actuelle a
recueilli de cet œuvre foncièrement

philofophique , tout ce qu'il y avoit de folide. Quelques efprits entraînés par l'éloquence féduifante de l'Auteur, ont voulu tout réalifer, & ont rencontré à l'expérience un fyftème trop phantaftique : néanmoins le réel eft refté, & c'eft ce réel qui, en honorant fon travail, place cet Ouvrage dans un rang diftingué ; puifque ce Livre en plufieurs points, eft devenu ufuel & pratique , ce qu'on ne peut pas dire de beaucoup d'autres.

En voyant les fyftèmes d'éducation environnés de tant de difficultés, que dire après cela de ces fortes d'Ouvrages qui s'élèvent jufqu'à l'Inftitution des Princes, que Rouffeau lui-même n'a pas ofé entamer ? Il eft jufte d'avouer que ceux qui font connus fur un pareil fujet, contiennent des vues & des maximes excellentes, qui ne fauroient être trop appréciées : mais quand l'homme expérimenté a bien médité fur cette matière, fa févère raifon mûrie par le temps, fourit, & s'attend peu au fuccès. En effet, sans pénétrer aussi avant, on voit sans peine qu'une si grande institution dans la pratique, doit presque causer le désespoir de l'esprit humain.

De même que l'éducation des personnes particulières rencontre presque toujours des obstacles, dans la constitution de l'Etat & dans les mœurs générales qui en dérivent, celle des Souverains a aussi ses écueils presque inévitables : ceux-ci sont dans la nature des choses. Dans ces êtres précieux, il y a malheureusement deux personnes à former, l'homme réel & la personne du Prince ; & par un effet ordinaire comme invincible dans l'usage, ainsi qu'il est aisé de le sentir, ces deux institutions sont dans un combat forcé.

Il y a plus : le point de vue commun à toute éducation, change ici totalement. Le sujet, comme on le sait, est formé pour lui, pour sa famille & pour une portion plus ou moins grande de la société à laquelle il touche. Les rapports dans cette éducation, font des rapports de devoirs mutuels envers fes concitoyens, de foumiffion & de dépendance envers l'Etat. Le Prince au contraire, dans la fienne, a des rapports avec la fociété entière; fes relations font des relations de juftice fuprême, d'amour, d'autorité. L'individu que l'on forme en lui n'eft qu'un ; mais fa valeur politique, comme Souverain, eft d'un calcul tout différent. Son être n'eft plus un être fimple fous cet afpect ; la fociété eft tout pour lui, il eft à fon tour tout pour elle ; de manière qu'une inftitution auffi privilégiée, eft réellement une inftitution propre à l'État, dès-lors commune à tous, puifque fes volontés fouveraines feront un jour des loix ; fes exemples, les mœurs ; & jufqu'à fes qualités feront celles en quelque forte de fa nation. Sans doute la morale commune à tous les hommes, appartient également aux Rois. Que dis-je ? elle leur appartient d'une manière bien plus étroite. Comme Souverains, les devoirs moraux faits pour les régler font bien autrement étendus; parce que de leur part tout eft prefcription, ordre, ou leçon. La Religion, les Mœurs, toutes les Vertus, tout enfin en eux, eft du plus grand devoir : c'eft une fuite de leur élévation. Ils impriment à tout ce qu'ils difent, ils impriment à tout ce qu'ils font, l'empire de leur rang : ainfi leurs obligations croiffent à raifon de l'infinie conféquence de leurs actions.

Quant à l'inftruction de détail qui a lieu dans leur éducation, celle des autres hommes n'eft pas en beaucoup de points celle qui leur convient. Deftinés à régner, les connoiffances mères, pour ainfi parler, les connoiffances fécondes par elles-mémes, font principalement celles qui leur doivent être préfentées. Dans le cours de la vie, tout eft inftruction pour les Princes, & fans comparaifon bien autrement que pour les autres hommes. Les moindres faits, les évènemens les plus fimples, tout marque;

tout a un caractère pour eux, parce que rien n'eſt petit, rien n'eſt indifférent par la place qu'ils occupent ; leur être moral eſt un être ſurprenant dont la meſure eſt difficile à déterminer. Les faits, pour leur qualité intrinſèque, ſont à la vérité les mêmes ; mais les réſultats civils ſont ici très-différens. Activement & paſſivement, tout ce qui vient d'eux, tout ce qui tend à eux acquiert, pour ainſi parler, une autre nature, attendu l'importance de leur être, d'où tout part & vers qui tout ſe dirige ; & à cauſe des conſéquences infinies qui réſultent de tous les actes qui ont des rapports avec leurs perſonnes. Telle eſt en effet la poſition remarquable de ces êtres. Le ſilence d'autrui leur parle ; le diſcours enſuite orne tout auprès d'eux (& malheureuſement trop), parce qu'à force de perfections il embellit juſqu'au faux, & réuſſit ainſi à ôter à la vérité la couleur qui la diſtingue. Pour ce qui eſt de leur perſonel, le Prince en eux, donne à l'homme une force extraordinaire jufque dans les moindres chofes. Ce qu'ils defirent, ils le veulent; ce qu'ils veulent, ils le commandent. Leursgeftes font entendus; leurs penchans entraînent; leurs paffions font des orages. Que l'on juge donc de l'effet moral infini que doivent avoir tous les actes dans une vie comme la leur, publique, de repréfentation continuelle, & qui n'eft jamais cachée, même lorfqu'on la cache.

S'agit-il pour eux de connoiffances, de lumières? elles viennent à eux rapidement; elles y arrivent en fomme & en foule, & avec une forme de perfection qui fupplée toutes les études. Dès-lors c'eft en écoutant, c'eft par l'attention fuivie du jugement; c'eft avec cela par des préceptes fimples, plutôt féconds que nombreux, que les Princes s'inftruifent : voilà la véritable école où ils fe forment; c'eft dans le livre des hommes fur-tout, que les Princes, pour être utilement éclairés, doivent apprendre à lire.

La partie du caractere chez eux, eſt celle à laquelle la culture doit le plus s'attacher, attendu qu'elle eſt l'ame de la Royauté. L'éducation ne ſauroit produire, ou pour mieux dire, former en eux rien de plus grand. Trois choſes principales conſtituent eſſentiellement le vrai mérite du Souverain ; droiture d'ame, ſageſſe de jugement, grandeur de caractere. Ce ſont là les qualités réelles qui fondent leur gloire, & qui procurent la proſpérité de leurs peuples. Mais pour revenir enfin au vrai, il eſt fâcheux d'enviſager que toute inſtruction pour les perſonnes de cet ordre, aura toujours dans la pratique, un écueil très-redoutable. On a vu l'inconvénient capital que rencontre l'éducation des particuliers : ſi cette dernière ſe détruit par ſon choc avec les Conſtitutions, ou ſe dénature par leurs vices, la double éducation à donner aux Princes, celle de l'homme ſur qui tout s'appuye, devient preſque nulle par celle qu'on donne à la fois au Souverain, quoiqu'au fond la vertu & le courage puſſent allier parfaitement ces deux choſes. Le mal, diſons - le encore, vient de ce qu'en exerçant ce difficile emploi, on ne voit guères dans l'homme que l'être que l'on craint ou de qui on eſpère ; on ne parle qu'à ce dernier ; dans la formule, & dans le fait, avec une intention formelle ou mal diſſimulée, on dirige tout vers lui. Dès - lors, l'homme eſt indignement ſacrifié par cette inſtitution plutôt ſervile que maîtreſſe, que l'exemple, l'étiquette, & plus encore toutes les paſſions humaines néceſſitent : enſorte qu'une parfaite éducation en ce genre, feroit, dans l'ordre moral, un véritable phénomène.

Il faut pourtant ſe dire que le Prince, pour être grand, doit à tout prix être élevé ſur le grand homme. C'eſt auſſi (je l'ai ſouvent penſé) la vraie différence qui exiſte entre *Henri* IV & *Louis* XIV, tous deux furnommés *Grands* par leur fiècle. Dans Henri, l'homme égala & furpaffa même le Monarque ; au lieu que dans Louis XIV, le perfonnage de Roi fit la plus grande réputation de la perfonne : un grand trône, une nation puiffante, une volonté de régner & de dominer en mefure avec ce rang & cette puiffance ; voilà d'où vint, en partie, la grandeur ou le renom de Louis. Dans Henri, le Roi ne fit jamais dif- paroître l'homme ; l'ornement **de la** Royauté ne voila point l'individu. **Si** Henri, comme Prince , fut guerrier habile & valeureux, Souverain fage & politique ; comme homme, il fut fen- fible, jufte & humain. S'il commanda fes armées, s'il gagna en perfonne fes batailles, s'il conquit fon Royaume par fon épée, il l'acquit auffi par l'a- mour de fes fujets. Tantôt il nourrit fon peuple lors même qu'il l'affiégeoit ; d'autres fois, & fans ceffe du haut de fon trône, fon ame fe répandoit fur

tout son Empire, & lui faisoit pro-
noncer ces mots immortels sur l'aisance
de ses peuples. Jamais il ne parla en
Roi dans ses actes publics qu'il ne parlât
en même temps en père : ce fut là le
caractère particulier de son Règne, parce
que c'étoit en effet le trait distinctif de
son ame ; sa grandeur personnelle enfin
fut la base de toutes ses actions. Comme
homme, ce qui en lui touche encore,
il fut sujet à diverses foiblesses ; mais
du sein de ses erreurs, du sein de ses
plus fortes passions, il s'élançoit à la
gloire quand celle-ci commandoit. En
un mot, l'homme dans le grand Henri,
n'eut pas une imperfection qui ne cédât
aux devoirs du Monarque, & le Souverain pas une vertu qui ne fût puisée
dans les qualités de la personne : aussi
Henri fut-il long-temps homme avant
que d'être Roi (circonstance à laquelle
il dût sans doute beaucoup). Il reçut
cette première éducation séparée, soli-
taire ; il reçut aussi les profondes leçons
du

du temps ; celles de l'adverſité , qui
pénètrent ſi avant : de tels inſtituteurs,
il en faut convenir, ſont bien propres
à former un Roi.

Voilà pourquoi il ſeroit à deſirer que
les Souverains euſſent deux états dans
leur vie ; l'un pour recevoir l'éducation
d'hommes, l'autre pour qu'on pût leur
donner celle de Princes & de Maîtres
des autres hommes. Malheureuſement,
dans la pratique cela ne ſe rencontre
pas : il faut donc compter ſur les dons
de la Providence plus que ſur les plans
méthodiques en cette matière. J'ajou-
terai pourtant que les grandes qualités
de ceux qui préſident à ces éducations,
ſont & ſeront toujours fort ſupérieures
aux autres moyens ; elles contribueront
plus que tout, à la formation de la
perſonne des Souverains. L'imitation
ſi puiſſante chez tous les hommes, ne
l'eſt pas moins, & à quelques égards
l'eſt beaucoup plus pour les Princes,
ſans ceſſe environnés par leur poſition,

& à qui les autres hommes, toujours auprès d'eux en état d'étude ou d'observation, offrent à leur raison un continuel spectacle. A la longue ils font en bien des choses, ce que font à leurs yeux habituellement les personnes qui les guident. D'après cela, les préceptes ne sauroient être assez grands & simples, les instructions trop précises, & les exemples journaliers qui frappent leurs yeux, trop purs & trop bien choisis. Une institution encore très-puissante sur eux par la même raison, seroit l'exemple des mœurs de leur nation; mais c'est l'exemple même des Souverains qui enfante en grande partie ces mœurs: dès-lors voilà le cercle vicieux. Cependant il est consolant de se dire que le Prince peut toujours commencer sur ce point intéressant; & quand il s'est lui-même égaré, il peut revenir en tout temps sur ses pas, ce que ne peut point la multitude entraînée par le torrent, passive, qui souffre toutes les impressions, & ne donne

point d'impulſion en ce genre. Le Lé-
giſlateur, dans un Etat Monarchique
principalement, eſt le ſeul régénérateur
des mœurs perdues, ſoit par les Loix,
ſoit auſſi par ſon exemple : cette derniere
force particulière, unique, eſt attachée
à ſon rang ; quand on l'apprécie, on
voit qu'elle en fait un des plus précieux
appanages.

Il ſuit, Monſieur, de tout ce que
je viens de vous expoſer, peut - être
avec un peu trop d'etendue parce que
mon ſujet m'a entraîné, qu'un bon
travail ſur l'éducation des perſonnes des
deux ſexes, & principalement ſur celle
des Princes deſtinés à régner, renferme
d'infinies difficultés. Ce n'eſt donc, à
mon ſens, qu'avec la plus grande
crainte qu'on peut ſe livrer à une pareille
entrepriſe.

Les grands principes moraux de toute
inſtitution, ſont à la vérité à peu près
connus ; mais le point eſt de les incul-
quer dans le cœur & l'eſprit de l'homme,

C ij

de les faire pénétrer dans fa nature, uniforme chez tous pour les paffions, fi diverfe pour les génies & les caractères. C'eft là le but qu'il faut atteindre dans une bonne inftitution. Je penfe avec vous que l'exemple eft pour cela le meilleur des Maîtres, le feul généralement efficace. Il refte à defirer, que le caractère des individus les appelle à un bien moral; cette partie dans l'homme eft celle qui eft le moins foumife au pouvoir de l'éducation; celle-ci n'y peut que peu de chofe, & encore jamais rien d'abfolu : tel eft malheureufement l'enfeignement de l'expérience.

Vous avez vu mes idées fur la partie de la culture de l'efprit en général, qui entre dans tout plan d'éducation. Je tiens ce point, quoique très - utile, comme bien moins important que le premier. D'abord cette culture ne peut pas être généralement ni également répandue : elle ne doit pas non plus être trop recherchée ; elle ôteroit alors au caractère, de son énergie ; aux mœurs, de leur puissance. Sa surcharge même seroit infiniment dangereuse, puisqu'elle deviendroit un vrai luxe, une superfluité d'un genre bien fâcheux, qui affoibliroit notablement le corps moral, loin de le fortifier. Le propre des lumières est de s'accroître ; c'est leur tendance irré-sistible. La législation doit donc moins accélérer leur progrès que le régler ; ce n'est pas tant enfin leur accroissement qu'il faut favoriser de premier dessein, qu'une marche saine & sûre qu'il s'agit de leur tracer. Telles sont mes réflexions à cet égard. D'ailleurs, toute culture varie selon l'aptitude, selon l'état & l'ordre des personnes. Sur le tout, l'éducation, comme je l'ai dit, doit être parfaitement accommodée aux Constitutions : il faut savoir ce que celles-ci exigent, & à la fois ce qu'elles comportent.

Ces points politiques décidés, par rapport à l'éducation en général, il sera queſtion de régler l'inſtruction poſitive & claſſique à donner aux individus ; ou, pour mieux m'expliquer, de former le rudiment de l'intelligence humaine. Selon moi encore, cette inſtruction ne peut être trop ſimplifiée, pourvu qu'elle ſoit intelligible, claire & exacte. Il s'agit moins dans ce grand travail, de la plus grande difficulté en ſoi, de cumuler les connoiſſances pour les élèves, que de perfectionner en eux, par un choix de documens ſimples, l'inſtrument propre à les acquérir. Ces premiers fondemens poſés, à l'aide de l'inſtruction claſſique ſagement graduée, ſuffiſante & complète, quoique ſimple ; ce ſera après cela dans l'action, dans les différentes places de la ſociété, que l'homme ſe développera : c'eſt avec une intelligence plutôt droite qu'ornée d'une foule de perfections ſurérogatoires, que l'inſti- tution de ſon enfance aura formée, qu'il deviendra homme, citoyen, & qu'il ſervira ſoi, ſa famille & ſon pays, selon l'étendue de ses moyens, & l'impulsion de ses premiers principes.

En considérant à présent l'ensemble de cet édifice, je reconnois que c'est dans les principes moraux & dans la partie du caractère, que gît la base réelle & essentielle de toute éducation. Cette vérité me frappe encore plus, quand je me retrace par la pensée, ce qu'en ont dit les plus grands hommes qui ont traité de ces objets. Presque tous en ont parlé très-sommairement, & ont rapporté ce difficile ouvrage à des maximes simples, mais fécondes. Convaincus que cet art se particularise avec beaucoup de peine & presqu'autant d'inutilité, dans un petit nombre de paroles ils ont donné les préceptes d'une éducation, même ceux d'une vie entière. Pour le prouver, Cicéron, par exemple, peint d'un seul trait tous les *devoirs des femmes*, & indique d'une seule vue leur parfaite félicité, en disant que la science absolue de toute leur conduite, consiste *à se faire respecter dans leur jeunesse, & à se faire aimer dans leur vieillesse.* Nos idées, qui sait? nos méthodes peut-être, sont l'inverse de ce grand & magnifique précepte; c'est là pourtant le mot juste : ce mot dit tout; il renferme tout : sa paraphrase fournira toutes les leçons; elle enseignera à la fois la règle comme le bonheur de toute la vie.

Je finis moi-même mes réflexions, & je les résume ainsi : j'accorde à l'Education un pouvoir infini sur le corps de la société, à cause de la multiplication des unités, qui, étant infinies dans la masse d'une éducation générale, en renforcent les produits en même raison ; & un effet plus borné quoique certain, sur les individus, par la raison contraire de l'unité d'abord, sur laquelle seule l'éducation opère en ce cas, & ensuite par l'inaptitude des esprits, la diversité des caractères, l'insuffisance ou la fausse application des méthodes.

Je conclus, pour que cette inftitution néceffaire à l'homme, vraiment décifive pour la maffe de la fociété, plus ou moins utile aux individus, puiffe dans l'état civil, remplir tout fon objet ; je conclus, dis-je, qu'elle doit être formée fur nos Conftitutions Politiques, & celles-ci à leur tour, autant qu'il eft poffible, fur les droits de l'homme bien connus : je joins à ces bafes indifpenfables, l'emploi des moyens ou des conditions que je n'ai fait qu'ébaucher dans cet Ecrit.

Quand enfuite on aura pefé tous ces points, qu'on les aura bien médités ; qu'on écrive alors, fi l'on veut ou fi l'on peut, des *Traités d'éducation* ; mais que la fageffe la plus confommée, une égale expérience, l'humanité la plus pure, la plus haute raifon prennent en ce cas la plume pour tracer fur un pareil plan, des préceptes pofitifs ; parce que c'eft à elles feules réunies, qu'il appartient de résoudre le Problème *de la meilleure éducation à donner aux hommes.*

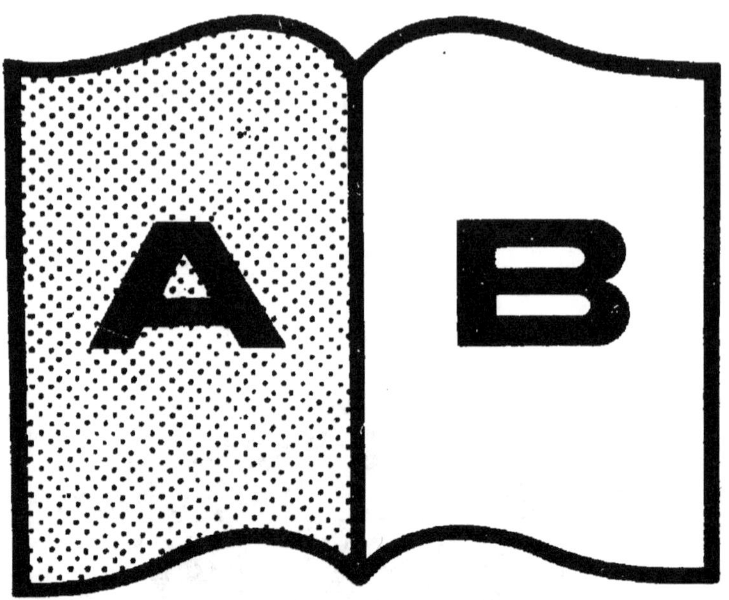

Contraste insuffisant

NF Z 43-120-14